My Notes

My Notes

My Notes

My Notes

My Notes

My Notes

My Notes

My Notes

My Notes

My Notes

My Notes

My Notes

My Notes

My Notes

My Notes

My Notes

My Notes

My Notes

My Notes

My Notes

My Notes

My Notes

My Notes

My Notes

My Notes

My Notes

My Notes

My Notes

My Notes

My Notes

My Notes

My Notes

My Notes

My Notes

My Notes

My Notes

My Notes

My Notes

My Notes

My Notes

My Notes

My Notes

My Notes

My Notes

My Notes

My Notes

My Notes

My Notes

My Notes

My Notes

My Notes

My Notes

My Notes

My Notes

My Notes

My Notes

My Notes

My Notes

My Notes

My Notes

My Notes

My Notes

My Notes

My Notes

My Notes

My Notes

My Notes

My Notes

My Notes

My Notes

My Notes

My Notes

My Notes

My Notes

My Notes

My Notes

My Notes

My Notes

My Notes

My Notes

My Notes

My Notes

My Notes

My Notes

My Notes

My Notes

My Notes

My Notes

My Notes

My Notes

My Notes

My Notes

My Notes

My Notes

My Notes

My Notes

My Notes

My Notes

My Notes

My Notes

My Notes

My Notes

My Notes

My Notes

My Notes

My Notes

My Notes

My Notes

My Notes

My Notes

My Notes

My Notes

My Notes

My Notes

My Notes

My Notes

My Notes

My Notes

Printed in the USA
CPSIA information can be obtained
at www.ICGtesting.com
LVHW082043151123
764045LV00013B/126

9 783347 169425